# ETTENHEIM

ET

# LE DUC D'ENGHIEN

PAR

SABOURIN DE NANTON

AF620390

MULHOUSE
IMPRIMERIE DE L. L. BADER

1869

# ETTENHEIM

ET

# LE DUC D'ENGHIEN

BIBLIOTHÈQUE NATIONALE
R.F.
IMPRIMÉS

PAR

ACQUISITION
N. 66153

SABOURIN DE NANTON

MULHOUSE
IMPRIMERIE DE L. L. BADER
1869

Lb 43 832

# ETTENHEIM

ET

# LE DUC D'ENGHIEN

> L'esprit humain doit faire des efforts constants pour fixer le passé, pour y trouver les leçons du présent et les espérances de l'avenir.

## I.

Parmi les chefs-lieux d'arrondissement dans le cercle du Haut-Rhin du grand-duché de Bade, il en est bien peu dont l'histoire ne soit plus intéressante que celle d'Ettenheim; et cependant n'allez pas croire non plus que cette cité ait traversé les temps, froide, insoucieuse de ces événements et de ces hommes qui brillent comme une lumineuse étincelle dans la nuit du passé! Non, elle a fourni son contingent de gloires et de progrès: ses échos ont redit aussi des chants de liberté; mais ce n'est pas une de ces cités orgueilleuses dont l'origine remonte à l'époque où les Allemands furent assujettis par les Franks: elle n'a pas vu briller autour de son enceinte l'Aigle menaçante des Césars et le glaive des Romains. Ce n'est que sous le règne du duc Berthold, qui construisit le château de Zæhringen, et avec qui commence la suite non interrompue depuis lors des princes de la maison de Zæhringen, qu'Ettenheim peut faire remonter son développement.

Cette cité fut fondée vers la fin du septième siècle, par le duc Eticho, comte de Nordgau, duc d'Alsace. Cette famille, qui eut une si nombreuse postérité, de laquelle descendirent plusieurs familles régnantes et d'autres grandes maisons, donna à la France les ducs de Lorraine, de Roussillon, de Flandre et de Paris; à l'Allemagne, les landgraves du Brisgau, de Habsbourg, de Zæhringen et de Bade.

Quant à l'histoire de cette époque reculée, quant à la vérité de cette chronique, nul ne la saurait certifier d'une manière exacte, mais la voix de tous l'atteste et souvent ces récits transmis religieusement d'âge en âge, ces récits qui semblent liés aux ombres des aïeux, méritent croyance, alors que le flambeau de l'histoire ne répand qu'une lueur incapable de dissiper entièrement les ténèbres.

Ettenheim ne parvint à l'apogée de sa prospérité que vers le milieu du quinzième siècle. A l'entrée de la délicieuse vallée du Münsterthal et sur les bords de l'Ettenbach, cette cité compte une population de 3,000 habitants, qui s'occupent surtout de la fabrication des toiles, d'agriculture, d'élever du bétail et du commerce de chanvre; toutes industries qui les ont fait arriver à une remarquable aisance. On peut considérer cette vallée badoise du Rhin comme la contrée la plus chaude de toute l'Allemagne. Elle en est aussi l'une des plus heureusement douée sous le rapport de la richesse du sol, qui fournit en abondance les plus belles récoltes en céréales et en fruits de toute espèce. Tant d'éléments de prospérité naturelle ont eu pour résultat un rapide accroissement de la population, qui se compose exclusivement de la race franconienne.

A partir du XV^e siècle, le margrave Bernard, fondateur de la maison de Baden-Baden, introduisit la réforme dans ses Etats, mais elle eut peu de succès à Ettenheim, où les habitants persistèrent à conserver la religion catholique. Tous les événements politiques et religieux qui se sont succédé depuis l'avénement de Frédéric V, qui hérita des francs-alleux de Hohengeroldseck, jusqu'à l'époque de l'invasion française après la paix de Reyswick, troublèrent sensiblement la tranquillité dont jouissaient les habitants d'Ettenheim ; mais sous le règne remarquable de Charles-Frédéric, qui monta sur le trône en 1748, et qui fut secondé par les excellents ministres de Hahn et d'Edelstein, cette cité obtint de notables accroissements et surtout une prospérité dont elle se ressentit longtemps.

## II.

L'époque la plus douloureuse pour Ettenheim fut celle des guerres de la République pendant l'année 1796. Moreau avait effectué le passage du grand fleuve presque sans coup férir. En présence d'une armée de quatre-vingt mille hommes, soixante mille Français venaient d'envahir impunément la rive droite du Rhin. Le grand-duché de Bade était menacé dans son existence, et cette campagne, connue sous le nom de retraite de Moreau, avec un mélange de succès et de revers, d'incidents brusques et de vicissitudes inouies, allait commencer. La situation d'Ettenheim, pendant cette guerre, était malheureuse. Moreau s'était décidé à essayer d'une attaque générale contre l'armée dite de Suabe, commandée par Stain et appuyée par le corps d'émigrés du prince de Condé. Cette armée occupait une position avantageuse, couverte par la petite rivière de la Kintzig, sa droite appuyée sur une chaîne de hautes collines. Moreau fit avancer son armée sur six colonnes, trois de chaque côté de la rivière. La colonne du général Férino s'était mise en marche le 10 Juillet vers la Forêt-Noire : près d'Ettenheim, il rencontra les troupes autrichiennes du général Frœhlich. Les émigrés du prince de Condé occupaient les hauteurs d'Ettenheimmunster, Guilay s'était fortifié dans la vallée même de la Kintzig, et le contingent de Souabes, sur l'arrière-ligne, défendait les rochers de Hornberg.

Le 14 Juillet, la division du général Férino commence une

série d'opérations et de combats, et chacune de ses étapes fut marquée par la défaite de l'ennemi. La brigade de droite se porte sur Ettenheim, chasse les coalisés de ces postes et les oblige à chercher un refuge derrière un cours d'eau, appelé le *Bleichen*. Le général Jorly aborda à la baïonnette les Autrichiens, dans la vallée de la Kintzig, leur tua quatre cents hommes et les rejeta dans les gorges de Hornberg. La brigade du général Abbatucci se dirigea vers Munchweiler, traversant les gorges dominées par les hauteurs d'Ettenheimmunster, où se tenaient les émigrés du prince de Condé. Sur ce point, le combat eut un caractère inouï d'acharnement. Pendant deux heures, la lutte se prolongea héroïque, corps à corps. La même valeur se déployait ici et là, le même sang coulait des deux côtés. Les Français du prince de Condé se battaient pour l'honneur de leur principe, pour leur fidélité à une cause malheureuse. Les Français du général Abbatucci donnaient leur vie pour l'honneur de leur drapeau, pour l'indépendance, pour la tnaionalité et pour l'intégrité du territoire. Cette bataille n'avait rien d'impie, ni de douloureux; elle honorait l'un et l'autre parti. Elle prouvait à l'Europe coalisée que la France était encore la grande et forte nation, capable de survivre aux plus terribles catastrophes et de se relever vingt fois aux yeux du monde étonné, si la fortune adverse lui réservait des heures pénibles et des jours d'épreuves. Un pays n'est pas près de succomber, qui a du courage pour deux drapeaux et du dévouement pour plusieurs causes. La victoire demeura aux couleurs nationales; Abbatucci resta maître des gorges d'Ettenheimmunster; il poursuivit ses adversaires jusqu'à la nuit. Cette retraite s'opérait au milieu d'obstacles qui mettaient l'armée de Rhin-et-Moselle à de rudes épreuves, mais d'un autre côté, les bandes de paysans qui inquiétaient les corps isolés, qui tombaient sur les petits détachements et faisaient une guerre de tirailleurs et d'embuscade, attirèrent sur le pays les plus grands malheurs.

Les habitants souffraient de cette terrible guerre, et Ettenheim fut réduit à une profonde misère. Les deux armées ne s'étaient pas contentées de faire des requisitions de toutes espèces, mais bien des communes furent livrées au pillage. Beaucoup de maisons à Ettenheim avaient été saccagées, il n'y restait ni meubles, ni vitres aux fenêtres; les caves avaient été vidées, et les habitants, qui s'étaient réfugiés dans les montagnes, assistaient à toutes ces dévastations sans pouvoir rien sauver, ni rien empêcher.

Aujourd'hui toutes ces ruines sont réparées; on rencontre bien encore quelquefois, en labourant, des boulets ensevelis et couverts de rouille, des tronçons d'épées avec des os à demi rongés, mais on ne pense plus aux malheurs de la guerre. Ettenheim nous apparaît comme une riche métairie, des sites admirables d'harmonie et de fraîcheur décorent ses collines, le soleil y ruisselle partout, et sa lumière y joue comme sous un prisme de cristal.

## III.

De 1790 à 1802, Ettenheim servit de résidence au prince de Rohan-Guémenée, dernier cardinal-évêque de Strasbourg. Ecrasé de dettes, malgré les un million deux cent mille livres de rentes que lui rapportaient ses divers emplois et bénéfices, il se montra aussi peu délicat dans ses liaisons que dans ses plaisirs. Il s'était rendu fameux dans l'affaire du *Collier*, qui jeta un si triste reflet sur sa vie. Je n'essaierai pas de dévoiler ce scandaleux procès, qui mit en émoi la Cour de France, le haut clergé, le pape, le collége des cardinaux, et dont les débats retentirent dans toute l'Europe. Lorsqu'il éclata, les passions politiques se rattachaient à tout. La Cour, les parlements, le clergé, la noblesse, les états provinciaux, étaient en hostilité ouverte, et chaque parti se faisait une arme contre ses adversaires de tout ce qui pouvait favoriser ses haines ou ses sympathies.

Tout est extraordinaire, bizarre, imprévu dans ce litige scandaleux et si compliqué à propos d'une parure de femme, commandée par Louis XV pour sa dernière favorite. Mais je sortirais du cadre que je me suis tracé, si je voulais mettre en jeu les ressorts secrets de cette ténébreuse affaire dont on a déjà tant parlé.

A sa sortie de la Bastille, le cardinal de Rohan fut d'abord exilé en Auvergne; puis il obtint la permission de rentrer dans son évêché de Strasbourg. Il y fut accusé de correspondre avec les émigrés et d'exciter les fidèles de son diocèse à la désobéissance aux lois nouvelles. Un acte d'accusation fut proposé contre lui par Victor de Broglie, en raison de sa conduite antirévolutionnaire sur la rive droite du Rhin où il s'était retiré.

Réduit à la portion de son diocèse située dans le grand-duché de Bade, et par suite privé de la plus grande partie de ses revenus, il mena dès lors une vie obscure, et se démit de l'évêché de Strasbourg lors du Concordat de 1801. Cependant autour du palais de ce puissant abbé se réunissait encore une nombreuse population, empressée de se mettre à l'ombre tutélaire d'un ministre des autels, dans un temps de guerres et de troubles. Il mourut en 1802, et fut enterré dans l'église de Saint-Barthélemy, à Ettenheim.

## IV.

C'est d'Ettenheim qu'en 1804, Napoléon fit enlever le duc d'Enghien par une mesure de haute police, qui restera éternellement une tache à sa mémoire.

La destinée de ce prince est une des plus étrangement douloureuses que l'histoire ait enregistrées. Elle ressemble à ces jours d'automne dont le pâle matin s'estompe dans un brouillard, dont le midi resplendit tout-à-coup par une déchirure des nuages, s'éteint presque aussitôt dans une brume plus sombre et bientôt dans une noire tempête.

Louis-Antoine-Henri de Bourbon, duc d'Enghien, né le 2 Août 1772, à Chantilly, n'était pas un enfant vulgaire; son œil semblait souvent chargé d'une grave pensée; il dédaignait les hochets de son âge, et était surtout sensible aux leçons de son précepteur, l'abbé Millot. Il ne se mêlait point à la foule brillante de ses jeunes compagnons; il aimait à s'enfoncer dans le parc de Chantilly, ou à s'égarer dans le hameau de l'Ile-d'Amour, ce jardin anglais que son père, le dernier prince de Condé, avait fait édifier.

Partageant la répulsion profonde des classes privilégiées pour les principes et les idées qui excitaient dans la France entière le plus vif enthousiasme, le jeune duc chercha à s'éloigner. Il avait le pressentiment des réformes politiques que la nation cherchait à introduire, il voyait les abus de l'ancienne organisation féodale près à disparaître, et il s'épouvantait de la commotion qui pouvait en résulter.

Assis au sommet de la colline, contemplant au loin le nuage noir qui planait sur Paris, il prêtait une oreille attentive aux cruels déchirements dont la France allait faire une si douloureuse expérience; tout autour de lui, il croyait voir errer des convois funèbres, de pâles ombres, des fantômes traînant des chaînes ou de longs voiles; mais bientôt ces bruits de la mort se perdaient dans le cri lugubre du hibou, où dans le murmure du vent des nuits, qui ébranlait par intervalles les vieux murs du château de Chantilly.

En 1792, il fut des premiers à s'enrôler dans le corps d'émigrés réuni par son grand-père, le prince de Condé, sur les bords du Rhin, et il en commanda l'avant-garde de 1796 à 1799. Tous les témoignages contemporains s'accordent à reconnaître que sur les champs de bataille le jeune prince se montra toujours digne de ses aïeux. Servant dans la cavalerie sous les ordres de son père, il avait surtout montré la plus grande valeur au siége de Mayence, à l'attaque des lignes de Wissembourg, enfin à la journée de Berstheim, où devenu, par suite d'une blessure de son père, commandant de la cavalerie, il avait fait à sa tête plusieurs charges brillantes; et dans les lieux témoins de la gloire du grand Condé, on avait vu trois générations de Condé rappeler par leur courage, le souvenir de ses exploits. Le seul reproche qu'on pût lui faire, était de se livrer trop facilement à l'ardeur qui l'entraînait. Dans ces moments, tout ce qu'il y avait de force, d'intelligence, de vie, montait à ses yeux, qu'on voyait peu à peu s'allumer comme les fenêtres d'un palais longtemps désert. On eut dit qu'il aspirait chaque parole du commandement par ses lèvres entr'ouvertes, et que chaque parole, en pénétrant, soulevait une goutte de sang dans ses artères, éveillait une idée dans son cerveau.

Rien de plus beau, dans sa morne poésie, que ce front noyé d'ombre, que ces traits fiers aux vives arêtes modelées dans le marbre blanc. Sa démarche, naturellement gracieuse et légère, son assurance pleine de candeur, impressionnaient favorablement tous ceux qui l'entouraient.

Dans le cours des trois dernières campagnes, son coup d'œil militaire s'était fortement développé, et si les fonctions qu'il remplissait étaient restreintes à d'étroites limites, on pouvait dire qu'il les remplissait avec talent.

Dans la vie privée et hors du champ de bataille, le duc d'Enghien, de même que son grand-père, le prince de Condé, auquel il ressemblait à beaucoup d'égards, montrait de la franchise et de la loyauté dans le caractère. Aussi plein d'humanité que de bravoure, il avait toujours désapprouvé ces représailles sanglantes que l'animosité des guerres civiles avait quelquefois introduites entre les républicains et les émigrés, et toujours il avait prodigué ses soins aux blessés de tous les partis; passionné même pour la gloire militaire, et toujours attaché à la France malgré son émigration, il ne cachait pas son admiration pour la gloire des armes républicaines et en particulier pour celle du général Bonaparte.

## V.

Le licenciement définitif de l'armée de Condé en 1801, à la suite de la paix de Lunéville, vint clore la carrière militaire du duc d'Enghien. L'Angleterre était alors un sûr asile pour les princes de la famille exilée et pour leurs serviteurs. Le duc eût pu s'y retirer, mais dès longtemps il avait conçu pour la nièce du cardinal de Rohan, la princesse Charlotte de Rohan-Rochefort, la plus vive passion; et quoique sa famille, qui espérait s'assurer par lui d'une alliance utile parmi les souverains de l'Europe, eût toujours refusé son consentement à ce mariage, il n'avait jamais renoncé au désir de l'épouser: il l'accomplit alors et se fixa à Ettenheim, près d'elle et près du cardinal. Quoique aucune preuve n'ait subsisté de ce mariage, il ne paraît pas douteux que le duc et la princesse n'aient été mariés à cette époque par le cardinal de Rohan. Le duc d'Enghien resta donc à Ettenheim, habitant le petit château voisin de la maison que la princesse occupait avec son père. Là s'écoulèrent les moments les plus beaux et les plus heureux de sa vie. Vivre auprès de la princesse Charlotte, l'admirer, l'aimer, le lui dire, voilà toutes ses occupations. Et il faut le dire à la louange du passé, dans ces temps de guerre, l'amour était chose importante, sérieuse et vraie; le duc y mettait tout ce qu'il avait de pensée et de cœur. Aussi cet hommage tendre et naïf trouva la princesse Charlotte accessible; et comme elle n'était pas de ces femmes qui calculent l'époque, le jour, le moment où elles diront: j'aime, elle aima. Elle était admirablement belle: vous savez, ces têtes délicieuses que les peintres flamands nous ont conservées; de longs cheveux blonds et de grands yeux bleus, un cou blanc et poli, penché comme celui d'une colombe.

Le duc se disait souvent dans l'ivresse de son bonheur: « Mon Dieu, voilà donc la femme que mon imagination rêvait, « que mon cœur attendait, cette femme qu'on ignore, cette « femme que vous nous réservez dans votre bonté ineffable! « Être divin qu'on doit aimer à jamais. »

Les instants qu'ils passaient ensemble étaient délicieusement employés; c'était bonheur que de les voir savourer, non cette poésie vague et incolore qui émane aujourd'hui du cerveau, mais celle plus vraie qui prend sa source au fond du cœur: douce harmonie, suave émanation des voluptés de l'âme.

Le duc d'Enghien se faisait aussi une occupation de la chasse, où l'accompagnait ordinairement le général marquis de Thumery, ancien lieutenant-colonel de son régiment au corps de Condé, et qui avait obtenu, comme lui, la permission de résider à Ettenheim, Le plaisir de la chasse avait beaucoup d'attrait pour le duc; les rapports que créaient ces réunions, ses habitudes militaires, contribuaient à lui procurer des jouissances exceptionnelles; aussi aimer et chasser étaient les deux grandes affaires de sa vie à Ettenheim.

Son séjour à vingt kilomètres de Strasbourg, aux portes de sa patrie, cachait-il de sa part une pensée politique? Est-il vrai qu'il se mêla aux intrigues, aux conspirations ourdies contre le premier Consul par les différents partis que sa main puissante avait bien pu comprimer, mais qu'elle n'avait point encore réussi à écraser? C'est ce que prétendirent les agents d'une police généralement assez peu scrupuleuse dans le choix de ses moyens, et qui ne dut pas se faire faute de calomnier celui qu'elle avait résolu d'assassiner. Mais jamais, avant comme après la déplorable catastrophe du 21 Mars 1804, elle ne songea à fournir les preuves de cette banale accusation, évidemment imaginée après coup pour atténuer l'intérêt qui devait s'attacher à la victime du plus odieux des guet-apens. Le jeune prince était-il tenu au courant des projets imaginés à ce moment par quelques conspirateurs pour renverser le gouvernement consulaire et rétablir la royaute? C'est possible, vraisemblable même; mais tous les témoignages recueillis s'accordent à démontrer qu'il n'y prenait pas autrement part.

La conspiration de Moreau, de Georges et de Pichegru, tramée avec l'assentiment du cabinet de Londres contre les jours du premier Consul, fournit à Bonaparte le prétexte dont il avait besoin pour réaliser enfin le projet qu'il avait depuis longtemps conçu d'effrayer ses ennemis secrets, de frapper un grand coup et de se rendre maître de la personne du seul prince de la maison de Bourbon qui eut été assez imprudent pour venir en quelque sorte s'offrir à ses coups en fixant sa résidence sur les frontières de la France.

Le soldat d'Arcole et de Rivoli avait gagné, par d'éclatants services, la reconnaissance du pays; mais à quoi bon des victoires? C'était le duc d'Enghien lui-même qu'il fallait à Napoléon, pour conserver le pouvoir et le rendre héréditaire dans sa famille; c'était ce front royal à déshonorer, cette prétendue conspiration à étouffer: c'était ce corps échappé aux balles du siége de Mayence et des lignes de Wissembourg qu'il fallait faire entrer, tout grand qu'il fut, dans la fosse crçusée sous les murs du château de Vincennes.

Des rapports de police prétendirent que le duc d'Enghien était venu plusieurs fois à Paris sous un déguisement, ce qui était positivement faux; et le conseiller d'Etat Réal fut chargé de s'assurer de l'exactitude du fait. Celui-ci savait parfaitement ce qu'on voulait de lui; il déclara donc tenir d'un espion que le prince faisait de fréquentes absences d'Ettenheim et avait été vu en divers endroits en compagnie de Dumouriez. C'en fut assez pour que le premier Consul trouvât là des éléments de justification ou d'excuse pour l'acte qu'il méditait. Son aide-de-camp Caulaincourt reçut l'ordre de se rendre à Strasbourg, avec des instructions cachetées, qu'il ne devait ouvrir que lorsqu'il serait à destination, et qui lui indiqueraient ce qu'il aurait à faire ultérieurement. En même temps, il fut enjoint au général Ordener de partir secrètement pour la même destination, de se porter de là sur Ettenheim, avec un fort détachement de troupes, de cerner le château et d'y enlever le duc d'Enghien.

Des avis non suspects avaient depuis longtemps averti le prince de ce qui se tramait contre lui; son grand-père lui-même, le prince de Condé, lui avait écrit d'Angleterre à ce sujet dans les termes de la plus vive inquiétude. Le prince refusa longtemps de croire aux dangers qu'on lui signalait; mais les prières de la princesse de Rohan avaient enfin déterminé le duc à demander à la Cour de Vienne des passeports pour se retirer en Angleterre. La chancellerie autrichienne ne se pressa point de les expédier, et le prince fut perdu. Enfin pour plus de prudence, et cédant aux instances de la princesse Charlotte et des personnes qui l'entouraient, le prince consentit à s'éloigner dans le plus prochain délai.

La nuit même qui précéda son enlèvement, il rêva qu'un ange lui apparaissait, et cet ange avait tous les traits de Charlotte; de longues ailes battaient sur ses épaules, et sa forme suave semblait suivre les ondulations de l'air. Cet ange le pressait dans ses bras, et il lui parut que son corps lui-même devenait une substance aérienne et tous les deux s'élevaient dans les airs. L'ange le regardait en souriant, ses lèvres ne s'entr'ouvraient pas, mais on eût dit une voix intérieure qui lui murmurait ces mots: « *Charles fuis, il en est temps encore.* »

## VI.

Le 14 Mars 1804, le général Ordener quitta Strasbourg pour se rendre à Rhinau, accompagné du général Fririon, chef d'état-major du général Leval, et du colonel de gendarmerie Charlot. Il y trouva trois cents hommes du 26$^{me}$ dragons, des pontonniers, des bateaux, et trois brigades de gendarmerie. Toutes les précautions avaient été prises et tous les préparatifs avaient été faits avec le plus grand mystère. Les dragons de Schlestadt avaient été réveillés par le boute-selle, chaque soldat avait reçu un paquet de cartouches, on s'était lancé au trot jusqu'aux bords du Rhin, où des barques n'attendaient que l'arrivée du détachement pour lui faire passer le fleuve. Les soldats ne savaient où on les conduisait, mais du moment qu'il s'agit de gagner la terre allemande, chacun se disait : c'est la guerre! et la joie était générale, parce que la guerre, malgré ses maux imprévus, paraît toujours préférable à la monotonie d'une garnison.

Dans la nuit du 15 au 16 Mars, cette troupe pénétra en pleine paix, au mépris du droit des gens, sur le territoire du duché de Bade, et vint en armes investir à Ettenheim l'habitation du duc d'Enghien.

Il était alors cinq heures du matin. Le duc avait projeté pour ce jour-là une partie de chasse avec le colonel Grunstein, ils étaient même déjà habillés et prêts à sortir, lorsque Feron, son domestique, vint l'avertir que l'habitation était cernée par des soldats, et que le commandant sommait d'ouvrir les portes si l'on ne voulait pas les voir enfoncer par la violence. Le prince saute sur un fusil à deux coups, et s'apprête à vendre chèrement sa vie. Le baron de Grunstein, qui s'était hâté d'accourir près de lui, le détermine à ne point tenter une résistance inutile. Bientôt la troupe se précipite dans l'appartement, le commandant Charlot à leur tête. Le prince est arrêté avec le colonel Grunstein, qui se trouvait près de lui, et ses trois domestiques, Feron, Poulain et Canove. Le prince était vêtu d'un costume de chasseur tyrolien, à longues guêtres.

La petite ville d'Ettenheim, habituellement si calme à l'heure où l'aube commence à blanchir les airs, se trouva tout-à-coup bouleversée. Les habitants ne s'étaient pas réveillés, comme chaque matin, au bêlement du troupeau, au tintement de la cloche de la brebis, au bourdonnement de l'abeille. Ma plume serait inhabile à peindre les scènes qui se succédèrent pendant quelques moments dans cette cité. Les cris : au feu ! s'élevaient de tous les côtés ; les militaires, sans direction, volaient d'une rue à l'autre, pour chercher la demeure où l'on croyait qu'était logé le général Dumouriez.

Le colonel Charlot, inquiet des dispositions des habitants, qui étaient favorables au duc d'Enghien et aux émigrés, se portait sur tous les points. Il vit un homme qui paraissait se diriger vers l'église : c'était un maréchal-ferrant, qui, comprenant ce dont il s'agissait, voulait aller y sonner le tocsin ; le colonel le fit arrêter. Il rencontra ensuite le grand-veneur de Bade, que les cris au feu avaient attiré ; il chercha à le rassurer ; les habitants se montraient effrayés sur la porte de leurs maisons, enfin le tumulte était partout, et chacun pleurait sur ce torrent qui venait de se précipiter dans la cité. Consternés, saisis d'effroi, pressés de toute part, les mains levées vers le ciel, tous adressaient leurs prières à Celui qui commande à la mer et à la foudre ; une consternation générale, désastreuse, féconde en sensations déchirantes, laissait tout le monde accablé sous un poids qui l'étouffait. Un ciel couvert de nuages répandait sur cette scène funèbre une clarté pâle et terne ; bientôt un calme sinistre régna dans les airs ; des bruits lointains seulement annonçaient le départ des troupes.

On avait hâte de repasser le Rhin, on entraîne le prince, on le fait monter, ainsi que deux de ses officiers, dans une charrette entourée de gendarmes, et l'on prend les devants avec lui, les autres prisonniers suivirent à pied.

Le prince fut placé dans un bateau pour passer le Rhin ; après le passage du fleuve, le général Ordener le laissa à la garde du colonel Charlot, et prit les devants pour retourner à Strasbourg. Le duc fit la route à pied de Rhinau à Booftzheim, s'arrêta dans ce village pour déjeuner. Là, on trouva une voiture dans laquelle il monta avec le colonel Charlot et le maréchal-des-logis Pfersdorff. On arriva à Strasbourg vers cinq heures de l'après-midi et il fut aussitôt conduit à la citadelle, où il passa la nuit dans la plus profonde tristesse.

« Je ne pense pas qu'ils veuillent ma mort, disait-il, mais ils « me jetteront dans quelque forteresse en cas qu'un otage leur « soit nécessaire; j'aurai bien de la peine à m'habituer à cette « vie-là. »

Depuis son enlèvement, il n'avait cessé de songer à l'inquiétude qu'il avait dû causer à la princesse Charlotte, et demanda s'il ne lui serait pas permis de lui écrire pour la rassurer.

On procéda à l'ouverture de ses papiers, qu'on examina d'une manière rapide, on en fit des liasses séparées, et on lui dit qu'ils allaient être envoyés à Paris.

« Ainsi donc, disait-il, il me faudra languir ici des semaines, « peut-être des mois; le chagrin augmente à mesure que je « réfléchis à cette nouvelle position; si cela dure, je crois que « le désespoir s'emparera de moi. »

C'est alors qu'il se rappelait les beaux jours de sa vie déjà lointaine; le triomphe devant tout un peuple, les vertes collines de Chantilly, les riants défilés du Rhin trempés d'ombre et de soleil brillant. Alors aussi il songeait à la princesse Charlotte, la fée enchanteresse qui l'avait attiré dans cet abîme. Cette princesse aux yeux charmants, au sourire frais, au suave parfum, son amante, sa femme, pleurée par l'âme, pleurée par l'esprit, appelée à grands cris par le cœur, secret dépositaire de tant de voluptés ineffables. Le duc ne se faisait pas illusion, il était bien perdu; c'est là dans cette citadelle que se dénouerait l'existence la plus douloureuse, et pourtant la plus regrettée; car il faut le dire, le prince eût voulu vivre: il aimait. Dans ces heures de solitude, d'angoisses, la plus cruelle torture était le doute.

BIBLIOTHÈQUE NATIONALE R.F. IMPRIMÉS

## VII.

Le 18 Mars au matin, on fait monter le duc d'Enghien dans une chaise de poste, attelée de six chevaux, qui l'emmène en moins de deux jours au château de Vincennes. La route se fit avec plus de rapidité que ne semblait pouvoir le permettre l'escorte de la gendarmerie. Le duc paraissait en quelque sorte heureux de revoir la France, il rappelait dans les endroits où l'on passait, ceux qu'il avait autrefois connus; mais il y avait aussi chez ce prince, jeune, ardent, exubérant de sève et de génie, des moments de rébellion contre la destinée. Il se disait que la vie, le succès et le bonheur demandent seulement de la volonté; qu'il s'agit de vouloir, le crime aussi bien que l'héroïsme; que dans une situation désespérée, tout est à faire et tout peut réussir. Alors il rêvait combats, massacres, incendies; il s'élevait, démon exterminateur, par-dessus la voiture qui l'entraînait, sur des ailes sanglantes; il recrutait ses amis, toute la noblesse française, toute l'armée de Condé, il luttait jusqu'à la mort, jusqu'à une mort de soldat, pareille à celle de Turenne, tombé pour la France sur une hauteur voisine du village de Sasbach, et glorieuse même aux yeux d'un ennemi. Tout-à-coup, épuisé comme après de réelles batailles, il se résignait, il courbait son front, il priait. « Peut-être, pensait-il, « ai-je été choisi par Dieu pour expier les fautes de ma famille. « On pleurera sur mon sort, on pleurera ma jeunesse, mon « innocence, ces larmes pieuses laveront tout. Seulement il « faut que je tombe sans souillure, avec courage, en soldat, « comme je l'étais sur les bords du Rhin, devant l'ennemi. » Alors le malheureux prince s'adressait à sa mère, qui était en exil, et, après avoir demandé son intercession auprès de Dieu irrité, il se sentait consolé, confiant et fort.

Il arriva au château de Vincennes le 20 Mars, entre cinq et six heures du soir. La femme de Harel, commandant du château, qui avait été sa sœur de lait, le reconnut avec effroi, et après s'être chauffé dans son logement, Harel le conduisit au pavillon du Roi, dans le logement qui lui avait été préparé et dans lequel on avait fait du feu et porté quelques meubles, un lit, une table et des chaises. Excédé de fatigue, le prince se coucha après un court repas, quoiqu'il ne fût encore que huit heures, et s'endormit d'un profond sommeil. Mais tout était déjà préparé pour son supplice; sa fosse même avait été creusée d'avance. Son réveil fut affreux.

Un arrêté des Consuls, daté du jour même de son arrivée, le renvoyait devant une commission militaire, comme prévenu « d'avoir porté les armes contre la République; d'avoir été et d'être encore à la solde de l'Angleterre, et de faire partie des complots tramés par cette dernière puissance contre la sûreté intérieure et extérieure de la République. »

Entre minuit et une heure du matin, le duc d'Enghien est brusquement arraché à son sommeil, et après avoir été interrogé par le capitaine-rapporteur, il est amené devant ses juges, réunis dans l'une des chambres du pavillon de la porte du bois. Là il est interrogé de nouveau par le président de la Commission et il répond à toutes ses interpellations avec une mâle assurance. A l'accusation d'avoir porté les armes contre sa patrie: « J'ai combattu avec ma famille, répondit-il, pour re-« couvrer l'héritage de mes ancêtres; depuis la paix, j'ai déposé « les armes. »

Mais c'est en vain que la noblesse et la franchise des réponses du prince établissent son innocence; c'est en vain que les lois contre les émigrés ne poursuivaient que *les émigrés arrêtés sur le territoire de la République, ou en pays ennemi et conquis;* c'est en vain que la législation en vigueur interdisait formellement aux commissions militaires la connaissance des complots tramés contre la sûreté intérieure de la République; c'est en vain que la règle générale de la justice ordonnait de ne procéder que publiquement et de jour dans les affaires criminelles; c'est en vain qu'aucune pièce à charge n'existait au procès. Qu'importaient les lois et la justice? ne fallait-il pas verser le sang d'un Bourbon pour détruire tout soupçon d'un pacte secret avec cette famille et s'aplanir la voie du trône!... Les membres de la Commission se montrèrent dignes de la confiance du maître. Sans avoir daigné avertir leur victime de faire choix d'un défenseur, sans même lui en avoir nommé un d'office, sans avoir aucun égard à la demande faite par le duc d'une entrevue avec le premier Consul, la Commission, à l'unanimité! condamna à mort cet infortuné, par un jugement où l'ignorance complète des lois qu'elle appliquait força le greffier d'en laisser, non-seulement le texte, mais même la date en blanc. Le jugement ordonnait de plus l'exécution immédiate; et pourtant les lois réservaient expressément au condamné le droit de recours en révision, ou le pourvoi en cassation. A peine cet arrêt de sang fut-il rendu, qu'un officier-général, Savary, devenu plus tard ministre de la police générale et duc de Rovigo, qui avait assisté au jugement, derrière le fauteuil du président, en arracha des mains de ce dernier la minute informe, et s'occupa de pourvoir sans délai à son exécution.

Il était environ trois heures du matin; le prince est extrait de sa prison par des gendarmes d'élite; d'une voix émue, quoique sans lui annoncer ce qui allait avoir lieu, Harel l'invita à le suivre, le précéda dans la cour et dans les divers passages qu'il fallait traverser. On arriva ainsi à la tour dite: la Tour-du-Diable, qui renfermait la seule issue pour pénétrer dans les fossés du château. Parvenu au bas de l'escalier, on suivit quelque temps les fossés jusqu'au pied du pavillon de la Reine, et ayant tourné l'encoignure de ce pavillon, on se trouva en face des troupes, qu'éclairaient la lueur incertaine de quelques lanternes et dont un peloton s'était détaché pour l'exécution. Il tombait à ce moment une pluie fine et froide, les étoiles ne brillaient pas, et la lune n'éclairait point les pas incertains du prisonnier; le souffle d'un vent froid interrompait seul le silence qui régnait. Le duc ne sait où on le conduit, plus il avance, plus il pressent son affreuse position, que va-t-il devenir? l'œil fixé au ciel, il soupire; « où me conduisez-vous, « demanda-t-il, si c'est pour m'enterrer vivant dans un cachot, « j'aime encore mieux mourir sur-le-champ. Hélas, tout ici « semble m'annoncer ma perte prochaine, j'ai perdu jusqu'au « moindre rayon d'espoir. Qui viendra me délivrer de l'af- « freuse situation dans laquelle je me trouve. Suis-je des- « tiné à périr dans les oubliettes. »

Ce fut alors seulement que le jeune prince, qui jusque là avait ignoré où il se trouvait, dit en regardant autour de lui: « je reconnais Vincennes. » Voyant alors l'appareil militaire qui l'attendait, il ajouta: « Ah! grâce au ciel, je mourrai de « la mort d'un soldat! marchons! » Parvenu au lieu du supplice, il remet à l'un de ses bourreaux des cheveux, un anneau d'or et une lettre pour la princesse de Rohan, le suppliant d'accomplir ce lugubre message; puis il se met à genoux, à quelques pas de la fosse ouverte pour le recevoir, et prie le Dieu de miséricorde de l'accueillir dans son sein. Impatient sans doute de ce retard, Savary ordonne à deux ou trois reprises d'exécuter le feu. Le noble prince, quand il a achevé de régler ses comptes avec Dieu, se releva enfin, et dit encore: « O ma mère! tu reposes en ce moment, un songe « heureux te berce, hélas! et tu perds ton enfant. Adieu, re- « çois mes derniers regrets. » Son regard et sa contenance respirent la plus mâle intrépidité, il fait signe qu'il est prêt à mourir. Les fusils s'abaissent, et le descendant du grand Condé tombe privé de vie, percé de plusieurs balles.

Les gendarmes d'élite, instruments de ce meurtre juridique, comme s'ils redoutaient que le jour, sur le point de paraître, ne vînt découvrir la rougeur de leur front, se hâtèrent de précipiter le cadavre de leur victime dans le trou qui l'attendait béant depuis plus de douze heures; quelques pelletées de terre précipitamment jetées sur ce corps encore chaud, achevèrent de combler la fosse; et alors, l'homme qui avait médité cet odieux attentat, put espérer que rien ne serait plus. Il avait oublié l'inexorable histoire, aux yeux de laquelle le crime ne se prescrit jamais. . . . . . . . . . . . . . . . . . . . . . . . . . . . . . . .

Ainsi périt, le 21 Mars 1804, entre trois et quatre heures du matin, à la lueur encore incertaine du crépuscule, dans la fleur et dans toute la force de l'âge, le dernier rejeton des Condé, de cette grande race militaire descendant de Robert, l'un des fils de saint Louis, marié à l'héritière de Bourbon!...

## VIII.

Ettenheim n'a pas beaucoup changé d'aspect depuis un siècle et le paysage est toujours le même. De la station d'Orschweir, située à deux lieues de Lahr, une route en pente douce, ombragée d'un rang d'arbres fruitiers, y conduit. Rien de beau comme cette avenue, digne des abords d'une grande ville. L'Ettenbach, c'est la petite rivière que l'on passe sur un pont en pierre, et dont les eaux claires et rapides donnent à la vallée de Munsterthal sa délicieuse fraîcheur. Et à chaque pas, à mesure que l'on approche, le point de vue change; c'est comme un panorama enchanteur qui se déroule lentement.

A droite, on aperçoit sur une colline, près de Ringsheim, une place murée, qui peut avoir cent mètres de circonférence. Les angles ont encore des indices de tours et les portes sont de côté dans le milieu. C'était la cour d'une maison de templier, dont l'ordre de Malte s'est approprié plus tard la possession. Plus loin le moulin, qui porte aussi le nom de *la Tuilerie,* où fut déposé le duc d'Enghien, après son arrestation, en attendant qu'on eût pu réunir les troupes disséminées autour de la ville, et qu'il pût revêtir les vêtements qu'on lui avait apportés.

A gauche, au milieu d'un océan de verdure, c'est Mahlberg, qui doit son origine aux Romains. Ce château, qui s'élève au-dessus d'une vallée, semble dire au siècle présent l'histoire des siècles passés, et raconter par quelles horribles machinations la tyrannie en avait fait le dépôt de ses victimes. Les Francs y eurent un mail ou lieu d'assises. L'histoire fait plus tard mention des dynastes de Mahlberg, et après eux, des Hohenstauffen, comme possesseurs de ce château. Conrad III, l'un d'eux, bâtit la ville sur la pente de la montagne ; les seigneurs en prirent le nom.

Si le temps est clair, en gravissant la hauteur, on distingue les ruines imposantes du château de Hohengeroldseck, situé sur un cône de porphyre, et qui fut vraisemblablement bâti par les Romains et dévasté par les Allemands. Gérold I$^{er}$, beau-frère de Charlemagne, le rétablit et le donna à son fils, Gérold II. Le maréchal de Créqui le fit sauter en 1677. Les murs de ce château ne se sont plus relevés, mais ils attesteront encore longtemps, dans leur état de démolition, leur antique splendeur. Derrière ces ruines, au bout de l'horizon, à l'arrière-plan de cette nature grande et belle, les yeux sont frappés de la majesté des monts si bien groupés de la Forêt-Noire.

Mais entrons dans Ettenheim, qui était encore fortifié en 1650 par des murailles, des fossés et des tours, surbâtis aujourd'hui. La porte du Rhin existe encore, surmontée des armoiries de la ville.

Des rues longues, larges, mais tortueuses, bordées de maisons à toits rapidement inclinés, de constructions diverses. Peu de mouvement, de bruit et d'activité. C'est encore une des petites villes du grand-duché de Bade qui ont le mieux conservé leur aspect spécial et leur physionomie particulière. Beaucoup de vieilles maisons en briques et en bois, montrant leur carcasse de poutres saillantes et de portes sculptées, portant sur leurs façades noircies, les traces de peintures effacées par le temps.

Voici l'église, bâtie en 1770, sur l'emplacement du château-fort qui commandait la ville au moyen-âge. Ce monument du style de la Renaissance, malgré certains défauts, se fait remarquer par la grâce, l'élégance et la pureté de ses proportions, la richesse et la délicatesse de ses ornements. La décoration intérieure est assez bien entendue. Le maître-autel est du style grec, à colonnes surmontées de chapiteaux élégants de l'ordre composite. Un immense baldaquin, avec couronne de prince, porté sur quatre colonnes, couvre le maître-autel, qui est surchargé d'ornements. Deux grandes statues, des anges, des fleurs sculptées, des guirlandes entrelacées attestent l'abatardissement dans lequel était tombé au dix-huitième siècle le style de l'architecture et de l'ornementation.

Le tableau du maître-autel a du mérite; il représente saint Barthélemy au moment de son supplice, qu'une légende fait mourir sur la croix à Albania-Pyla, aujourd'hui Derbent, en Russie.

L'église possède aussi une série de tableaux peints à fresque retraçant l'Ascension; des sujets empruntés aux écritures saintes; des images allégoriques choisies avec goût et discernement; d'élégants feuillages d'acanthe, et d'autres ornements, parfaitement assortis et habilement combinés, sont semés avec profusion sur les murs et sur la voûte.

Ces peintures proviennent de l'école allemande, qui était au dix-huitième siècle dignement représentée par Amiconi, Ruffini, Spiegler, Bergmuller, Hermann de Kempten, Theilheimer et Stauder, tous artistes de mérite qui travaillaient pour les églises des bords du Rhin, et qui comprenaient bien la peinture murale. C'est aussi la seule qui convient à l'asile de la prière, c'est l'ornement le plus grave, le plus moral, le plus historique, le plus opulent des anciennes églises.

La chaire a les principaux caractères du style de la Renaissance. Sa couverture a la forme d'un dôme oval surmonté de la statue de la religion, dont la pose naturelle, la gravité douce de la figure, les plis simples du vêtement expriment la foi vive et la ferveur religieuse qui animaient les artistes de cette époque. Cette chaire se fait remarquer par la grâce, l'élégance, et la richesse de ses sculptures.

Aucun monument, aucune inscription ne conserve le souvenir du cardinal de Rohan, enterré dans le chœur de l'église en 1802. Ce pavé funèbre où il repose, et qui rappelle à tous les chrétiens l'inexorable impartialité de la tombe, devrait au moins porter le nom de ce prince exilé, retracer par une inscription les titres, les espérances, les douleurs de cet illustre trépassé. Pourquoi cet oubli envers ce prélat, ce dernier cardinal-évêque de Strasbourg, qui, malgré bien des défauts, a répandu ses bienfaits dans tout le pays ?

A la droite du chœur, à côté des stalles en vieux chêne sculptées et sous un dais en velours rouge, on aperçoit un immense et magnifique gobelin, reproduisant fidèlement, avec les couleurs les plus vives, les armoiries du prince-cardinal, entourées du grand-cordon de l'ordre du Saint-Esprit.

Ces armoiries sont: *Ecartelé au 1<sup>er</sup> et 4<sup>e</sup> de gueules à bandes d'argent, qui est de l'évêché de Strasbourg; aux 2<sup>e</sup> et 3<sup>e</sup> de gueules à la bande d'argent fleuronnée et contrefleuronnée de six pièces, qui est du landgraviat de la Basse-Alsace; sur le tout écartelé aux 1<sup>er</sup> et 4<sup>e</sup> d'azur à trois fleurs de lis d'or, 2<sup>e</sup> et 1<sup>er</sup>, qui est de France, aux 2<sup>e</sup> et 3<sup>e</sup> de gueules aux deux chaînes d'or, posées en croix, en sautoir et en double orle, enfermant une escarboucle ou émeraude en cœur, qui est de Navarre; sur le tout du tout, parti au 1<sup>er</sup> de gueules, à neuf mâcles d'or, accolées et aboutées trois à trois, qui est de Rohan, et au 2<sup>e</sup> d'argent semé d'hermines de sables, qui est de Bretagne; le tout sommé de la couronne ducale, surmonté du chapeau de cardinal et enveloppé du manteau d'hermine; la crosse et l'épée sont passées en sautoir derrière l'écu, à la pointe duquel pend la croix de l'ordre du Saint-Esprit.*

Il est impossible de rendre avec autant d'exactitude la pureté du dessin et la magie du coloris; ici l'art d'égaler le pinceau avec des fils de laine a été porté à la plus haute perfection, et cette tapisserie peut être considérée comme l'une des plus riches qui soit sortie de la manufacture des Gobelins, C'est le seul et dernier vestige qui existe à l'église de Saint-Barthélemy de la richesse et de la splendeur du prince-cardinal.

Visitons l'hôtel de ville. Cet édifice, adossé à une colline, n'a pas de caractère bien particulier; il est du style de la Renaissance, et se compose d'une grande halle aux blés au rez-de-chaussée, et d'un étage où l'on parvient par deux larges et magnifiques escaliers, en pierre de taille, placés extérieurement. Comme dans toutes les villes où la liberté communale s'est développée de bonne heure, cet hôtel, bâti en 1757, a un aspect digne de son ancienne importance. Ce qui en forme la partie essentielle, c'est sa tour, avec son campanile, qui semble être un symbole de franchise et d'indépendance. Le fronton, placé devant la salle où les magistrats populaires tiennent conseil, est orné d'une grande et belle statue.

Cet édifice renferme le buste en marbre blanc de Carrare du cardinal de Rohan, de grandeur naturelle, par Antonio Canova. Cet artiste de la Vénitie, gracieux et enthousiaste de son art, s'est particulièrement distingué dans cet œuvre par un fini et une pureté de style remarquable. On y voit aussi le portrait du prince et celui des principaux membres de la famille de Rohan, peints par des artistes du dix-huitième siècle; ces portraits ont été recueillis par la commune, après la mort du cardinal.

En face de l'hôtel de ville se trouve le palais du prince-évêque de Strasbourg, aujourd'hui le siége d'un district de l'arrondissement. C'est un grand bâtiment à deux étages, sans cachet prononcé, qui par ses dimensions et sa solidité s'élève au-dessus des constructions ordinaires. Bâti vers le commencement du dix-huitième siècle, il a été longtemps réservé à l'administration des revenus du cardinal dans son diocèse du grand-duché de Bade. La porte principale, où l'on arrive par un large et haut perron, est ornée des armes du prince, au milieu d'un encadrement du style de la Renaissance. Cette sculpture, décorée d'ornements et de bas-reliefs, se compose de plusieurs moulures saillantes plus ou moins riches.

A côté du palais, et au fond d'une grande cour, on voit un long et grand bâtiment, qui servait de caserne à quarante hussards, commandés par trois officiers que le prince de Rohan entretenait pour sa garde et son escorte; cependant il ne se permettait plus ce luxe pendant les dernières années de sa vie.

## IX.

Traversons la rue de la cure, et nous voici devant le petit château que le duc d'Enghien habitait. Cette construction, improprement décorée du nom de château, qui appartenait au baron d'Ischtertzheim, n'a qu'un étage, mais des appartements très-confortables. Construite en briques, à saillie de pierre, elle est petite et modeste. Son seul luxe, c'est un joli parterre dont les gazons se déroulaient sur la vallée du Rhin. C'était un nid charmant, frais et gracieux. Bâtie en 1744, cette demeure est garnie d'un joli perron de quatre marches et d'une porte sculptée et ornée d'une tête d'ange. Les meubles qui garnissaient l'appartement du duc n'existent plus, mais on conserve encore le souvenir de la décoration de la chambre à coucher, où il a été arrêté. Cette pièce était tendue en cuir de Hongrie, frappé de dessins et d'arabesques. L'ameublement était celui de tous les vieux châteaux, simple et noble. D'un ciel de lit rouge tombaient deux rideaux de brocart qui renfermaient, dans leurs plis larges et puissants, un couvre-pied de mousseline brodé à jour; une table de chêne aux pieds torses, aux coins relevés en rondes bosses, soutenait une lampe de fer; au fond un âtre à plaque de fonte historiée, et un grand fauteuil en cuir à dossier mobile.

De la fenêtre de cette pièce, le duc voyait la France, la cathédrale de Strasbourg, le Rhin; c'est là, en portant ses regards sur les bords du grand fleuve, qu'il exprimait son attachement si profond et si naturel pour sa patrie. C'est là qu'il manifestait avec éloquence l'amour du sol natal et la peine qu'il éprouvait de vivre à l'étranger. Qui pouvait en effet remplacer dans son cœur les lieux où il avait appris à sentir, à aimer, à penser, la langue maternelle, l'aspect du ciel sous lequel il avait vécu dès l'enfance, les prés et les parcs de Chantilly où il aimait à porter ses pas, tout ce qui avait servi à former ses liens les plus chers et les habitudes de sa vie? Comment pouvait-il se rappeler, sans d'amers regrets, tous ces rapports intimes par lesquels il se sentait indissolublement uni à la patrie?

On parvient au premier étage de cette demeure par un escalier en bois de chêne construit dans de belles et gracieuses proportions, où l'on voit encore un plan de Paris, d'une grande dimension, collé sur toile, portant la date de 1765, où le duc se plaisait à faire des annotations.

Que de souvenirs dans cette demeure historique, que de charmantes images, que de fantômes bien doux vous apparaissent, mais aussi que de regrets se mêlent à ces réminiscences. Que d'ombres qui apparaissent et s'effaçent soudain! Que de songes tristes dans la vie d'aventures et de périls, de tribulations et de catastrophes de celui qui l'habitait.

On éprouve une souffrance réelle à se trouver dans ce lieu, qui inspire une mélancolie si vraie, si pénétrante, qu'on se sent prêt à verser des larmes.

Cette habitation, après avoir passé entre plusieurs mains, appartient aujourd'hui à M. Mengis, membre du Conseil de la commune.

A peu de distance de là, et dans la partie basse de la petite ville, est située la maison qu'habitait la princesse de Rohan. Cette maison est construite avec une élégante simplicité et distribuée avec intelligence. Partout on y remarque l'image de l'aisance, et nulle part l'apparence du luxe. C'est de l'une des fenêtres de cette maison que la princesse, qu'on avait prévenue de l'arrestation du duc, le vit passer, entouré de gendarmes et de la troupe, et le vit pour la dernière fois.

Que de douleurs, dans cette demeure, depuis la mort de ce malheureux prince; que de larmes versées, que de souffrances cachées!

Dix ans après ces terribles événements et ces angoisses poignantes, lorsque toutes les gloires nouvellement acquises de la France s'étaient brisées sur un rocher au haut duquel un aigle planait encore, une femme, seule, abandonnée depuis que le malheur l'avait touchée de sa main de fer, vêtue de deuil, et le cœur palpitant de ses premiers souvenirs, s'acheminait vers les fossés de Vincennes, où tout s'harmonisait à ses tristes pensées.... En tremblant, elle jeta un coup d'œil sur la place où était enterré celui qui tant de fois s'était révélé à elle... et un secret espoir lui disait: *je le retrouverai bientôt.* Cette femme, c'était la princesse Charlotte de Rohan-Rochefort.

Comme on a pu le voir, Ettenheim peut être comparé à un petit bourg du moyen-âge pour les impressions qu'on y ressent; quand on parcourt ses rues, quand on voit ses maisons si anciennes qu'on ne sait guère leur âge, on se croit transporté comme par enchantement au dix-septième siècle. Peu de maisons modernes, la moindre porte une date qui rend songeur. Le temps a tout respecté; aussi quand on voit apparaître, sortant de l'une de ces merveilles, un homme revêtu du costume national, avec le chapeau rond, de forme bretonne, la grande redingote noire, doublée de rouge, à la façon des pourpoints anciens, le gilet rouge, croisé sur la poitrine avec les grands boutons d'acier, on croit apercevoir un burgrave des grandes familles nobles de Nuremberg ou de Magdebourg.

## X.

Les habitants d'Ettenheim, qui avaient toujours conservé des idées de liberté et de franchises, prirent une part active aux événements de 1849. Il était naturel, qu'en raison de sa situation si rapprochée de la France, cette ville fut la contrée qui ressentit une des premières le contre-coup de la révolution accomplie le 24 Février 1848 à Paris. Cette révolution et les idées qu'elle favorisait y trouvèrent un puissant appui dans l'agitation entretenue depuis longtemps au bas comme au haut de la population, qui demandait la liberté de la presse, le jury et la représentation nationale.

On sait que le parti révolutionnaire se trouva un instant en possession de tous les moyens de gouvernement. Ce nouveau pouvoir, affectant les formes les plus républicaines et les plus révolutionnaires, fut bientôt inondé par un ramassis de réfugiés, d'aventuriers et d'individus plus tarés les uns que les autres et appartenant à toutes les nations. Le grand-duc de Bade, vu l'impossibilité où il se trouvait de disposer de masses de troupes suffisantes pour reprendre le pouvoir, avait dû invoquer l'aide et l'appui de la Prusse. C'est alors que l'on vit se grouper autour du grand-duché de Bade des forces assez considérables pour y comprimer le mouvement insurrectionnel. Après plusieurs combats, les Prussiens entrèrent dans Carlsruhe, et à la suite d'une lutte des plus vives, les insurgés durent abandonner la ligne de la Murg, et leur retraite se transforma bientôt en une complète débandade. Toute résistance sérieuse cessa à partir de ce moment; mais alors il se commit des actes de brigandage et de dévastation dont les habitants d'Ettenheim furent les premières victimes et dont ils se ressentirent bien longtemps. Puis vint l'état de siége et avec lui la condamnation des individus qui s'étaient le plus compromis dans les derniers événements.

Les condamnés étaient pour la plupart des individus ayant pris les armes contre l'autorité légitime. Ettenheim se rétablit, plus rapidement qu'on aurait pu l'espérer, des plaies, tant matérielles que morales, que lui avait faites la révolution. De notables adoucissements furent d'ailleurs apportés bientôt aux rigueurs de l'état de siége, et le gouvernement chercha, par tous les moyens possibles, à guérir les maux du pays.

Aujourd'hui tout est changé, tout est oublié; ces campagnes que nous voyons si belles et si fertiles, sont d'un calme parfait. Le soleil dore cette vaste plaine et ces côteaux qui se déploient depuis la chaîne des montagnes jusqu'aux bords du Rhin; partout on voit les progrès de la civilisation et de l'agriculture. La vallée, qui commence avant Emmendingen, arrosée par l'Elz, s'annonce par des prairies à droite et à gauche, bordées de ruisseaux et coupées par des rigoles d'irrigation, qui entretiennent une verdure perpétuelle, et par des champs couverts d'une luxuriante végétation.

Si vous sentez le besoin du spectacle de la nature, d'un air qui renouvelle et active votre existence, parcourez cette splendide contrée, où se dressent les sombres sapins, et ces campagnes inondées de lumière. Suivez les bords des torrents écumeux de la Kintzig et ce gracieux ruisseau de la Bleich, la limite du Mortingau et du Brisgau, et pendant quelque temps celle des Allemands et des Francs du Rhin; gravissez les chaînes de montagnes de la Forêt-Noire, où l'on voit encore la trace du passage des Romains: partout vous trouverez un peuple modeste et poli, pittoresque dans ses costumes, original dans ses mœurs; un peuple dont le démon des révolutions déchaîné par l'étranger n'a pu vaincre ni le patriotisme, ni les idées de religion et de liberté.

(Extrait de la *Revue d'Alsace.*)

BIBLIOTHÈQUE NATIONALE IMPRIMÉS R.F.

Mulhouse — Imp. L. L. Bader

www.ingramcontent.com/pod-product-compliance
Ingram Content Group UK Ltd.
Pitfield, Milton Keynes, MK11 3LW, UK
UKHW032026260826
14628UKWH00006B/2751

9 782019 636326